Lightning Source UK Ltd.
Milton Keynes UK
UKHW021131271219
355981UK00014B/1150/P

9 781714 005604